Johann Heinrich Friedrich Müller

Nina oder Wahnwitz aus Liebe

Ein Lustspiel in einem Aufzuge

Johann Heinrich Friedrich Müller

Nina oder Wahnwitz aus Liebe
Ein Lustspiel in einem Aufzuge

ISBN/EAN: 9783741172106

Hergestellt in Europa, USA, Kanada, Australien, Japan

Cover: Foto ©Andreas Hilbeck / pixelio.de

Manufactured and distributed by brebook publishing software
(www.brebook.com)

Johann Heinrich Friedrich Müller

Nina oder Wahnwitz aus Liebe

Nina,

oder

Wahnwitz aus Liebe.

Ein Lustspiel in einem Aufzuge.

Nach dem Franzbsischen frey bearbeitet,

von

Müller d. ältern.

Für das kaif. kbn. National-Hoftheater.

Wien,
gedruckt bey Joh. Joseph Jahn, k. k. privil.
Universitäts-Buchdrucker, und zu haben beym
Logenmeister bender k. k. Theater.
1788.

Personen.

Der Graf.

Nina, deffen Tochter.

Reinbach, Oberamtmann der gräflichen Güter.

Mathilde, deffen Schwefter.

Elife, Hofmeisterinn der Nina und ihre vertraute Freundinn.

Baron Karlftein.

Georg, ein alter Bauer.

Anne,
Martin, } zwey Bauernkinder.

Bauern und Bäuerinnen.

Zwey Sixten.

Er=

Erſter Auftritt.

Garten mit Alleen. Vorwärts unter einer Laube eine Gartenbank. In der Mitte ein Gitterthor, das auf die Landſtraſſe hinausgeht. In der Tiefe, Gebürge mit verſchiedenen Fußſteigen, die zum Schloß führen.

Reinbach, (tritt geheimnißvoll durchs Gitterthor, er führt) Mathilden an der Hand.

Reinbach.

Wie ich Dir ſage, liebe Schweſter! — Das iſt mein Plan. Ich verſpreche mir einen glücklichen Erfolg. — Vielleicht bewirke ich dadurch mehr, als alle Aerzte, die bisher ihre Kunſt fruchtlos erſchöpften. — Nur muß ich Dich nochmals bitten, meinen Entwurf geheim zu halten.

Mathilde. Auch ohne diese Erinnerung lieber Bruder! würde Dein Geheimniß gut bey mir verwahrt seyn. — Weiß Elise davon?

Reinb. Nein! — Ihre mehr als mütterliche Zärtlichkeit für die unglückliche Nina — und ihre Furcht für den Grafen, dessen Unbiegsamkeit und Härte sie nach dem Vorfall des Duels erfuhr; würden Bedenklichkeiten bey ihr erregen, die gerade meiner Absicht schaden könnten. Sie darf noch nichts wissen. Gelingt mirs, so wird ihre Freude um so größer seyn.

Mathilde. Ich zweifle, daß der Graf — —

Reinb. Wir erwarten ihn heute. Find ich ihn besänftiget, so hab' ich gewonnen. — Karlstein wird dann erscheinen, und vollenden, was ich vorbereitet habe.

Mathilde. Daß nur diese unvermuthete Erscheinung, das Uebel der guten Nina nicht vergrößert!

Reinb. Ich glaube nicht. — Verirrungen der Vernunft, von der Liebe erzeugt, werden auch oft von der Liebe wieder mütterlich geheilt. — Ich habe bey meinem letzten Besuche mit dem Baron überlegt, wie er sich so wohl bey dem Vater, als seiner Geliebten benehmen könnte; und verspreche mir von seiner unbegränzten Zärtlichkeit die glücklichste Folge. — —
Doch unsere Landleute kommen, die arme Nina, wie gewöhnlich zu unterhalten. — Es bleibt

bey

bey unserer Abrede. (Sie trennen sich und
empfangen die Kommenden.)

Zweyter Auftritt.

Georg, mit einigen Bauern durchs Gitterthor; gleich darauf Elise von der Seite,
zu Vorigen.

Georg. Da sind wir wieder, Herr Reinbach! — Lieber Gott! wenn wir doch heute
nicht umsonst kämen. Das ist freylich unser
täglicher Wunsch; aber noch hat er nicht ge-
rathen.

Elise. (Kömmt; zu den Bauern.) Seyd
Ihr schon hier, Ihr guten Leute? (Zu Reinbach.) Wie ich sehe, läßt der Eifer und die
Theilnahme dieser braven Männer, an der armen Nina traurigen Schicksale nicht nach?

Reinb. Beyde wachsen vielmehr. — Wer
könnte auch wohl bey solchem Jammer unge-
rührt bleiben?

Elise. Sie schläft dort in der Laube. Wir
können sie von hier beobachten, ohne sie in ihrer Ruhe zu stören.

Mathilde. (Hinsehend.) Sie schlummert
so sanft! — Wir müssen diesen Augenblick der

A 3   Er-

Erholung, den der Himmel ihr gewährt, nicht
unterbrechen.

Georg. Das wäre gefehlt; Gott behüte! —
Still! liebe Nachbarn, Still!

Mathilde. Die Arme! — Möchte dieser
süße Schlaf ihre Genesung beförbern! Möchte
sie doch gesund und ohne Thränen erwachen!
Es ist bedaurungswürdig, daß ein so junges,
sanftes, liebes Kind, so bitter leiden muß. —
Um ihren Verstand ists leider! gethan.

Georg. Und das bringt unsern gnädigen
Herrn gewiß ein paar Jahre früher ins Grab.
Das wäre weiter kein kleines Unglück für uns
Alle! Wir wissen, was wir an ihm haben;
wissen aber nicht, was wir für einen neuen
Herrn wieder kriegen! — (Zu Elisen.) Aber
Mamsel! — Nehmens nicht übel auf: Sie, und
Herr Reinbach, haben uns schon lange versprochen, die eigentliche Ursache der Krankheit zu
erzählen. — Wenns Ihnen etwa jetzt nicht un-
gelegen wäre — — Ich habe zwar hie und da
manchmal so was erschnappt; und das sagt ich
denn meinen Nachbarn wieder. Weil ich aber
leicht Unrecht verstanden haben könnte, so möchten wirs nun gern von Ihnen hören. — Und
wenn ich auch nichts Neues erfahre — Je nu! —
so wird mir doch das Herz bewegt.

Elise. (Zu Reinbach.) Wollen wir das
Verlangen dieser guten Leute erfüllen?

Reinb.

Reinb. Warum nicht? — Kommt Alle her, und hört! (Georg tritt mit den Bauern zwi=
ſchen Reinbach und Eliſen.) Ihr wißt, der
Graf, unſerer Nina Vater, ſtammt aus einem
vornehmen Hauſe, und iſt ſehr reich. ——

Georg. O ja! — Ich kann mir noch gar gut
ſeinen Herrn Vater einbilden. Er war eine
Exzellenz; und galt viel beym König!

Reinb. Unſer Graf wurde Vormund des
jungen Baron Karlſtein; nahm ihn anfangs zu
ſich, und erzog ihn mit ſeiner Tochter, bis er
ihn zum Regimente bringen konnte. Dieſer,
als er ſie nachher das erſtemal wieder ſah, ver=
liebte ſich in ſie; und Nina, da er ein ſchöner jun=
ger Officier war, auch alle männliche Tugenden
beſaß, fühlte gleiche Zärtlichkeit für ihn. Der
Graf bemerkte ihre gegenſeitige Liebe, ja es
ſchien, daß er ſie billigte. Endlich ſetzte er ſo=
gar ſchon den Tag zur Hochzeit feſt. Allein auf
einmal meldete ſich ein angeſehener reicher Ne=
benbuhler des Barons; that vortheilhaftere
Anträge, und der Graf war ſo ſchwach ſein
Wort zurück zu nehmen.

Georg. Was Sie ſagen! — Wie? unſer
Herr ließ ſich umſtimmen?

Reinb. Ihr könnt' Euch wohl vorſtellen, daß
ſich die arme Nina ſehr darüber grämte.

Georg. Das will ich glauben! (Zu Eliſen.)
Aber Mamſel! — weil Sie das gnädige Fräu=

lein

lein groß gezogen haben, — da hätten Sie wohl
so ein gutes Wort für sie reden können.

Elise. Ach! ich that es, lieber Alter! Allein, der Graf blieb unbeweglich. Er gebot
mir zu schweigen, und entfernte den Baron
Karlstein auf die unfreundlichste Art. Da konnt'
ich denn nichts anders thun, als mit meiner
jungen Freundinn weinen.

Georg. Wie man sich doch zu Zeiten irren
kann! — Ich hielt unsern Herrn immer für einen gnädigen, guten Vater ——

Elise. Diesmal war er es nicht. — Nina
wollte sich nocheinmal von ihrem Geliebten be-
urlauben. Sie bat mich so dringend, daß ich
ihr nicht wiederstehen konnte, und sie in unser
Lustwäldchen begleitete. Wir vernahmen hier
seine Stimme. Doch in eben dem Augenblicke,
erschien auch sein Nebenbuhler. Beyde gerie-
then in einen hitzigen Wortstreit. Bald darauf
hörten wir das Geklirre der Degen. Karlstein
that einen lauten Schrey, stürzte zu Boden,
und wir sahen sein Blut fließen.

Georg. Lieber Himmel! — da wird sie nicht
wenig erschrocken seyn!

Elise. Sie verlor alles Gefühl und sank in
Ohnmacht. Ich lief um Hülfe aufs Schloß —

Reinb. Wir trugen sie sinnlos auf ihr Zim-
mer : und als sie die Augen öffnete, war der
erste Gegenstand, der sich ihren Blicken darbot,

                                        Ihr

ihr Vater an der Hand des Mörders ihres Geliebten.   Er war ſo hart ihr zu befehlen, dieſen ohne Wiederrede als Gemahl anzunehmen.

Georg. Ach! ich ſollte doch denken, wenn
ſie ſo recht geweint und gebeten hätte — — —

Mathilde. Sie konnte nicht. Sie blieb
ſtumm vor Schrecken und Verzweiflung. Sie
wollte reden, aber der Schmerz ließ ſie keine
Worte finden. Sie wollte weinen, aber die
Thränen vertrockneten in ihren Augen. Ihre
Züge verwandelten ſich, ſie redete irre, und ein
wüthendes Fieber von unaufhörlichem Wahnwitz begleitet, überfiel ſie. O! es war ein er-
barmungswürdiger Anblick! — Die Gegenwart
ihres unerbittlichen Vaters und eines gehaßten
Nebenbuhlers vermehrten ihre Krankheit. Alle Arzneymittel waren ohne Wirkung. Sie
blieb zerrüttet.

Eliſe. Freylich verzweifelte darauf der reu-
ige Vater. Er konnte das Elend und den Jammer ſeiner Tochter nicht mehr anſehen, er ver-
reißte, und überließ ſie meiner Sorge. Nina
ſchmachtet nun ihre Tage hin, als ein trauri-
ges Schlachtopfer der Liebe und väterlichen
Strenge.

Georg. Aber, — Nehmens nicht übel auf—
Wo kam denn der Baron Karlſtein hin?

Eliſe. Wir erfuhren bald ſeinen Tod. —
Doch gerade um dieſe Zeit, hatte mein armes

Fräulein jede Erinnerung der unglücklichen Begebenheit verloren. Nur das Andenken an ihren lieben Karlstein verschwand nie aus ihrem Gedächtniße. Sie spricht stündlich von ihm, glaubt ihn auf der Reise, hoft auf seine Wiederkehr, und geht alle Tage in das Wäldchen, wo Karlstein tödlich verwundet wurde. Dort wartet sie auf seine Rückkunft. Weder Frost noch Hitze hält sie davon ab. Sie setzt sich da nieder, und bindet einen Blumenstraus für ihn. Wenn es denn Abend wird, seufzt sie, wischt eine Thräne weg, und geht mit der eitlen Hoffnung zu Bette, ihn Morgen gewiß zu sehen.

Georg. Wenn das unser Herr so mit ansähe, das Herz würd' ihm brechen.

Elise. Er hat mir geschrieben; er könnte unmöglich eine längere Entfernung von seiner unglücklichen Tochter ertragen. Ich erwarte ihn alle Augenblicke.

Mathilde. Und wenn er kömmt, wir können ihm keinen andern Trost geben, als daß wir mit ihm weinen.

Georg. Das arme Fräulein! — Sie ist ein so gutes Kind, so wohlthätig: — ich könnte viel davon erzählen! — Doch kommt nicht dort der gnädige Herr schon? — Wir wollen ihm ausweichen.

Reinb.

Reinb. Thut das. Erwartet mich bey der Grotte. Gewiß wünscht er ohne Zeugen zu seyn, und Mamsel Elisen allein zu sprechen. — Ich will Euch ihm hernach vorstellen. (Georg geht mit den Bauern fort.) Komm Schwester! — Wir wollen ihn beobachten! Ich muß erst wissen, in welcher Stimmung sein Herz ist. (Den Bauern nach.)

Dritter Auftritt.

Der Graf (im Reisekleide,) Elise.

Graf. (Kömmt vom Schloße durchs Gitterthor in den Garten, er tritt nachdenkend und traurig hervor.)

Elise. (Geht ihn bewillkommend entgegen.)

Graf. Nun Elise! da bin ich wieder. — Von Kummer zernagt komm ich zurück. — Sagen Sie mir, was hab' ich zu hoffen?

Elise. Leider! nichts tröstliches, gnädiger Herr! Es ist noch alles hier so, wie vor Ihrer Abreise.

Graf. O so will ich auch nichts weiter fragen! (Er wirft sich auf die Gartenbank — nach einer Pause.) Wo ist sie?

Elise.

Elise. Dort, in jener Laube!

Graf. (Schnell aufstehend.) Gott! wenn
sie mich gewahr würde! —

Elise. Besorgen Sie nichts. Sie schlummert. Ich will mich zu ihr setzen, bis sie munter wird.

Graf. Thun Sie das; und geben Sie mir
denn einen Wink.

Elise. (Geht fort.)

Vierter Auftritt.

Der Graf (allein.)

Liebe, unglückliche Tochter! — Sähst du den
verzehrenden Schmerz — meine Reue — die
Gewissensbisse, welche in mir toben! — Mein
Leben schleicht nun trübe und schwermuthsvoll
dahin. — Die heiligen Bande der Ehe erwar-
teten dich. Karlstein versprach dir Liebe und
Glück — Und ich — ich harter Vater trennte
zwey Herzen, die sich so innig liebten. — Dieser Vorwurf nagt an meiner Seele, und bringt
mich zur Verzweiflung. — Was soll ich noch
auf der Welt? O möchte doch der Tod meinen
Jammer endigen!

Fünf-

Fünfter Auftritt.

Reinbach, Georg mit einigen **Bauern,**
der Graf.

Reinb. Herr Graf! — Diese guten Leute
wollen Ihnen ihre Freude über Ihre glückliche
Wiederkunft bezeigen. Ich konnte ihre Unge-
duld Sie zu sehen, nicht länger zurückhalten;
und mußte ihr Verlangen erfüllen. — Vergeben
Sie — — —

Graf. Seyd mir willkommen! (Zu Georg.)
Wie gehts lieber Alter?

Georg. Gott sey's gedankt! gut Ihro Gnaden! — Ihr Georg ist noch frisch und gesund. —
Das hier sind die Geschwornen und Aeltesten
unsrer Gemeine. Wir freuen uns alle recht
herzlich, daß Ihro Gnaden wieder bey uns
sind. — Sollten wir aber zur ungelegenen Zeit
kommen — — — —

Graf. (Mit Wärme.) Nein, meine Freunde! nicht im geringsten. Gebt mir nur Gele-
genheit Euch nützlich zu seyn.

Georg. Tausend Dank, Ihro Gnaden! für
alles Gute, was Sie uns bereits erwiesen haben. — Gottlob! es ist uns während Ihrer Abwesenheit nichts abgegangen. — Denn, ich muß
es Ihnen nur sagen, gnädiger Herr! Fräulein
Nina

Nina verkennt zwar alle Menschen, doch die Armen nicht.

Reinb. Das ist wahr, sie hat Alles, nur Wohlthun nicht vergessen.

Graf. Wenn sie denn wenigstens noch dieser Freude fähig ist. — Ach! es ist seit langer Zeit, die erste frohe Nachricht, die ich von ihr höre.

Georg. Sie beschenkt uns alle Augenblick. Mamsel Elise und Herr Reinbach stiften sie dazu an, und wollen durchaus nicht, daß wirs ausschlagen sollen. — Manchmal möcht' ichs wohl, Ihro Gnaden! denn es kommt mir so zu Zeiten ein Scrupel in den Kopf———

Graf. Von ihr etwas anzunehmen? — Nein, lieben Leute! bedenkt, daß Ihr mich dadurch des einzigen Trostes berauben würdet, ihr einen frohen und heitern Augenblick zu verschaffen. — Nehmt! — nehmt alles, was Sie Euch geben will — — Der Himmel hört das Gebet redlicher Armen so gern: bittet ihn, daß er Euch erhöre, daß er sie mir erhalte, und ich bin reichlich belohnt.

Georg. (Mit warmer Seele.) O gnädiger Herr! das thun wir Tag täglich, Gott weiß es! — Da ist kein Kind im ganzen Dorfe, und wenns auch nur so groß wäre — — Nun, Sie wissens Herr Reinbach — — —

Reinb.

Reinb. Auch kein Greis am Rande des Gra-
bes, der nicht Tag und Nacht um Linderung
Ihres Kummers zu Gott betete.

Graf. (Gerührt.) Ich dank' Euch, meine
Kinder! (Er troknet eine Thräne ab — nach
einer Pauſe.) Doch, unterdeſſen Eliſe bey
meiner Tochter iſt, ſo erzählt mir, da Ihr ſie
täglich ſeht, wie ſtehts mit ihrer Geſund-
heit? — Ich höre, ſie iſt vollkommen wieder
hergeſtellet?

Georg. (Verlegen.) Ach, Ihro Gnaden! —
Sie — Sie — iſt geſund, ja! nur — ſo ganz —
Herr Reinbach ſieht ſie öfter als wir — der
wird noch beßre Auskunft geben können — —

Reinb. Für ihr Leben ſind wir nicht mehr
beſorgt. Das iſt nun wohl außer Gefahr. —
Wenn nur ihr Kopf nicht von böſen Träumen
geplagt würde! — Zuweilen ſieht ſie einer auf-
geblühten Roſe ähnlich, iſt munter und voller
Lebhaftigkeit — —

Georg. Ja, und da glauben wir denn Alle;
nun iſts beſſer. Da freut ſich dann das ganze
Dorf. Gott ſey Dank! heißts denn, nun iſts
gut. — Nun wollen wir zum gnädigen Herrn
laufen, wollens ihm erzählen, daß alles vor-
bey, daß alles wieder gut iſt — Aber, die Freude dauert nicht lange. Sie fällt gleich wieder
in ihr verwirrtes Weſen, und da thut uns das

Herz

Herz aufs neue weh. — Sie weint, und wir weinen denn alle mit ihr.

Graf. (Gepreßt vor sich.) Alles — Alles durch meine Schuld! (Laut.) Was ist wohl ihre liebste Unterhaltung? — Sagt mir, womit vertreibt sie sich die Zeit? Geht sie oft spazieren?

Georg. O ja! Zu Zeiten den ganzen geschlagenen Tag.

Graf. Allein?

Reinb. Gewöhnlich. Doch wird sie allezeit von Elisen oder meiner Schwester in der Nähe beobachtet.

Graf. Langsam, traurig, finster?

Reinb. Und mit starren nassen Augen, die man ohne Thränen nicht ansehen kann.

Georg. Doch wenn ihr ein Armer, oder eins von unsern Kindern begegnet, so wird sie wieder freundlich.

Graf. Freundlich? O daß sie Euch oft begegnete! — Sagt mir noch, — sagt mir, — (mit furchtsamer banger Erwartung) spricht sie auch zuweilen von mir?

Georg. Ach! — Es ist nicht gar lange, Ihro Gnaden! so nannte einer von uns Ihren Namen. Da fieng sie an bitterlich zu weinen und zu schluchsen; und wurde todtenblaß.

Graf.

Graf. O lieben Leute! — so nennt mich ihr ja nie wieder! (Mit Bewegung hin und her gehend.) Gott! — Gott!

Georg. (Leise zu Reinbach.) Ich bedaure den gnädigen Herrn von Grund des Herzen.

Graf. Der Himmel straft mich hart!

Reinb. Noch verzweifle ich nicht. Es kann besser werden, Herr Graf.

Graf. O meine Nina liebt mich nicht mehr.

Reinb. Sie wird Sie wieder lieben.

Graf. Nein! nein! Mit dieser Hofnung darf ich mir nicht schmeicheln. — O wär ihr mein Anblick nur erträglich! — Könnt ich nur um sie seyn!

Reinb. Sie können sich ihr nähern. Sie können mit ihr reden. Sie wird Sie nicht erkennen, da sie ihre Besinnungskraft gänzlich verloren hat. Sie werden sie jammern und weinen, und zuletzt in eine stumme Schwermuth sinken sehen, die Ihnen aber weit erschütternder seyn wird, als das vorhergegangene Wimmern. — Wir haben denn nur ein einziges Mittel, sie, wie wohl nur auf eine kurze Zeit aus ihrer starren Betäubung zu erwecken.

Graf. O lieber Reinbach! nennen Sie mir dieses Mittel, daß ich ihr beyspringen kann, wenn sie in Schwermuth sinkt.

Reinb. Ich befürchte nur — —

Graf. Was?

B   Reinb.

Reinb. Sie werden dieses Mittel nicht gern anwenden, da—

Graf. Und wär' es für mich die schrecklichste Marter; ich will es gebrauchen. Geschwind nennen Sie mirs!

Reinb. Gut; ich gehorche, Herr Graf!— Nur bey Nennung des Namens Karlstein! erwacht sie aus diesem höchsten Grade ihrer Krankheit, erholt sich, lächelt und wird etwas ruhiger.

Graf. Nur dieses?— O könnt ich ihr mehr als den bloßen Namen zurufen!— Lebte der Unglückliche noch!— Könnt ich ihn ihr zuführen!— Könnt ich ihr sagen: hier, Nina! ist dein Geliebter!— Nimm ihn! und nimm zugleich meinen Seegen!— Komm zu dir, und vergieß deinem Vater!—— Aber, wer kann Todte erwecken? (Er stürzt sich auf die Gartenbank.)

Reinb. (Vor sich freudenvoll.) Gut!— Das wollt' ich wissen.

Sech-

Sechſter Auftritt.

Eliſe, Vorige.

Eliſe. (Eilends.) Sie kommt! Mit herab-
hängendem Haare, ſtarrem Auge, und wie allezeit mit ihrem Blumenſtrauße in der Hand.
Sie ſucht allein zu ſeyn. Ich dächte, wir ſoll-
ten uns ihr nicht zeigen.

Graf. Wie Sie es für gut halten. — Nur
ſie zu ſehen; nur ihre Stimme zu hören,
wünſcht ich!

Eliſe. Dort unter jenen Bäumen, können
Sie ihre kleinſten Bewegungen bemerken. Gewöhnlich ſetzt ſie ſich hier nieder; verſammlet
die Kinder und Einwohner des Dorfs um ſich
her, muntert ſie auf, und freuet ſich wenn ſie
luſtig ſind. Dann können ſie ihr auch ohne Bedenken näher treten.

Graf. Kommen Sie, lieber Reinbach! —
Kommt Alle! — Führt mich weg, ſonſt reißt
mich mein Gefühl hin, und ich ſchließe ſie an
mein Herz, ohne die Folgen zu bedenken. (Alle
begleiten ihn.)

Siebenter Auftritt.

Nina kommt. Ihre Haare in nachläßig her=
abhängenden Locken, sind ungepudert. Sie
ist weiß gekleidet und hält einen Blumen=
strauß in der Hand. Ihr Gang ist abwech=
selnd schnell und langsam. Plötzlich bleibt
sie stehen; — seufzt laut, setzt sich dann
stillschweigend auf die Gartenbank und blickt
gegen das Gitterthor.

Dieß ist die Stunde, in welcher er kommen
wird. — Er wird kommen! — Heute! — Die=
sen Abend! — Er hat es mir versprochen. Wo
könnt er auch glücklicher seyn, als bey der, die
ihn so inbrünstig liebt? — Diese Blumen sind
für ihn! — Dies Herz ist sein! — Und doch
kommt er nicht! — O wie lang sind die Ta=
ge! — Wie traurig ist die Natur! — Kaum kann
ich noch athmen! — — Nein, ich kann nicht —
Nein, ich kann nicht leben, wenn er nicht bey
mir ist! — Und doch kommt er nicht! (Schnell
aus dem Leidenden in einem besorgten Ton
übergehend.) Gewiß, gewiß hält man ihn
zurück! — Wer? — — Wer? — Ja! — wenn
ich sie kennte! — Böse Menschen! — Böse, hart=
herzige Menschen müssen es seyn. — O! wie
mirs

mirs hier ſo eng iſt —— ſo bange —— ſo tra u
rig und leer! — Hier und überall! — Aber wenn
er zurückkehrte, — ja! denn würd' es hier
freundlicher klopfen! — (Sie wirft ſich auf
die Gartenbank, und verbirgt mit beyden
Händen ihr Geſicht.)

Achter Auftritt.

Eliſe, Vorige.

Eliſe. (Nähert ſich behutſam; ſie ſezt ein
Körbgen, worinn Früchte, weiſſe mit Lilla-
farbe vermiſchte Bänder, und andere kleine
Geſchenke ſind, neben die Gartenbank. —
Sieht darauf Nina mitleidsvoll an; trocknet
ſich eine Thräne ab, und ſagt nach einer
Pauſe.) Liebſte Nina!

Nina. (Fährt ſchnell und erſchrocken aus
ihrer Laage mit einem lauten Schrey auf.)
Ha! — (Sie ſammelt ſich. — Tritt mit ſtar-
ren Auge Eliſen näher, greift ſie mit zittern-
den unterſuchenden Händen an, erholt ſich,
und athmet nach und nach ruhiger.) Ach! —
Du biſts! — Du, meine — meine — meine
Liebe! — Deinen andern Namen vergeß ich
mmer.

Eliſe. Ihre Eliſe iſt es!

Nina.

Nina. Ja — ja! — Der erste ist mir aber
doch lieber.

Elise. Auch mir,

Nina. Also Du bist meine Liebe! — Denk
nur; — er kommt nicht!

Elise. Ein wichtiges Hinderniß wird ihn
zurückhalten.

Nina. So wirds auch seyn! — Müßt' ich
ihn nur zu finden! — — Glaubst Du, daß er
weit von hier ist? (Sie setzt sich wieder.)

Elise. (Seufzend und verlegen.) O — weit!
weit!

Nina. Das betrübt Dich auch, nicht wahr?

Elise. (Gefühlvoll.) Sehr! — sehr! — —
Da kommen Ihre kleinen Freunde.

Neunter Auftritt.

Anne, Martin mit einigen andern Bauer-
kindern, welche alle eine Band = Masche von
obiger Farbe an der Brust tragen, kommen
durchs Gitterthor gelaufen. Vorige.

Nina. Willkommen! meine Lieben, Will-
kommen! — Ihr sorgt doch immer für mich. —
Ihr verlaßt mich nicht! — werdet nie müde —
Ach es thut dem Unglücklichen wohl, wenn er

sich

sich bemitleidet sieht! — Seht! seht! — Da
siz ich und warte auf ihn! —— (Sie nimmt
ein Band aus dem Körbgen, sieht es an.)
So schmückte ich ihn. (Sie bindet Annen die=
ses Band über die Stirne.) Trag Du es zur
Erinnerung, — zum Andenken! — Aber sagt
mir; Ihr habt doch Euer Gebet nicht vergessen,
daß ihn der Himmel bald zurückführt?

Martin. Nein, nein! — nicht vergessen!

Anne. Wir habens erst heute wieder gebetet.

Nina. Und doch wollt ich wetten, Ihr habt
seinen Namen nicht einmal behalten.

Martin. O ja. — Recht gut. — Karlstein! —
Nicht wahr?

Anne. Karlstein, der Geliebteste.

Nina. (Küßt sie, — mit überströmender
Freude.) Der Geliebteste! — Du weißt ihn! —
Du weißt ihn recht! — Da, nimm, nimm!
(Giebt ihr einen Ring.)

Anne. (Zurückgebend.) Wie, einen so schö=
nen Stein?

Nina. Was ists denn mehr. — Behalt ihn.

Anne. (Auf ihren Finger zeigend.) Geben
Sie mir lieber diesen Kleinen da.

Nina. (Traurig.) Nein, Liebe! Das darf
ich nicht. — Du weißt nicht von Wem ich ihn
habe. — Und käm' er zurück, was würd' er sa=
gen, wenn er ihn nicht mehr sähe. — Heute
wird er kommen. —— Ich habe auf seine Wie=

D 4   der=

berkunft etwas gemacht — Hört — (Pause.)
Ach! — ich hab es vergessen. — Es sey darum! —
Eins hab ich ihm zu sagen, was ich nie vergesse.
Karlstein! Ich liebe dich. — Aber — Ihr ver-
spracht mir ihn zu empfangen — Was wars doch
was Ihr ihm sagen wolltet?

Elise. Sie werden ihn mit den Versen be-
willkommen, welche sie von Ihnen gelernt haben.

Nina. (Traurig nachdenkend.) Von mir? —
Von mir? — O ich vergesse doch alles! — Wie
heissen sie denn? — Sagt mir sie einmal Kinder! — Diesmal will ich so zuhören, daß ich sie
nie wieder vergesse.

Anne. Von dir entfernt vergoß die arme
Nina Thränen;

Sie weinte, Karlstein! stets um dich —

Nina. (Seufzend.) Ja, ja! das that ich! —
Das wißt Ihr alle. — Weiter! — wie heißts
weiter?

Anne. Doch, da du wiederkehrst, verschwin-
det banges Sehnen,

Sie freuet deiner Ankunft sich ——

Nina. Nein! so muß es heissen

Doch nun Geliebtester! nun wein' ich Freu-
den-Thränen,

Und drück an meinen Busen dich. (Sie
verfällt in Phantasie.) Ja, an meinem Busen. — An dies, dich liebende Herz. Hab'
ich dich in meinen Armen, Geliebter! O der
süßen

ſüßen Wonne! — Der ſeligen Freude! — Nun
hab' ich dich wieder! — Nun halt ich dich
feſt! — Wie? — Du entfliehſt mir? — Mir? —
Deiner Gattinn? — Bleib! — Um Gotteswil=
len bleib! — oder du tödteſt mich. (Sie kniet.
Mit ringenden Händen.) Bleib! — nur einen
Tag — nur eine Stunde, daß ich dir ſagen kann,
wie ſehr ich dich liebe; — wie voll mein Herz
von dir iſt, — und dann, dann laß deine Nina
ſterben! (Sinkt ganz zur Erde.)

 Eliſe. (Hebt ſie auf.)

 Nina. (Stützt ſich auf Eliſen.)

 Martin. (Weinend.) Nein! — nicht ſterben.

 Anne. Nicht ſterben Fräulein Nina! —
Nicht ſterben! — Leben bleiben für uns arme,
arme Kinder! (Sie weint laut.)

 Nina. (Sich erholend.) Weint nicht! —
Mich laßt weinen! — (Mit Wärme.) Ich will
für Euch leben, meine Lieben. (Zu Eliſen.)
Auch für Dich! — Auch für meinen Karlſtein! —
Bedauert mich! — O ich hatte einen glücklichen
Augenblick. — Ich glaubte ihn zu ſehen. — —
Ach! Er iſt verſchwunden! (Sie geht tiefden=
kend herum.)

 Eliſe. (Beiſeit.) Ihr Vater kommt. — Er
kann dem Wunſche ſeiner Tochter näher zu ſeyn,
nicht widerſtehn.

Zehn=

Zehnter Auftritt.

**Der Graf, Reinbach, die Vorigen. In
der Folge zwey Hirten.**

Graf. Ich muß hin zu ihr — —

Nina. (Wendet plötzlich ihr Gesicht dahin,
wo diese Stimme herkam, sieht starr den Grafen an, und stürzt mit einem hingewandten
Gesichte auf den Grafen hervor.)

Graf. Sie erblickt mich! — — Ihr Auge
ruht auf mir! — — Es scheint, sie bemerkt mich
ohne Entsetzen.

Reinb. Treten Sie ihr näher. — Wie ich
Ihnen sagte; — sie kennt Sie nicht.

Nina. (Faßt den Grafen aufmerksamer —
zeigt einige Unruhe — verbirgt sich darauf
hinter Elisen.) Liebe! — Laß uns gehen!

Elise. Warum denn?

Nina. (Hinter sie hervorblickend.) Ich sehe —
ich sehe da — einen Mann — Komm! Komm! —
Wir müssen fort!

Elise. Sie werden ihn dadurch kränken.

Nina. Kränken? — Ihn kränken? — Ich? —
Glaubst Du das? — So will ich bleiben. — Ich
weiß, was Kränkung ist! — und möchte keinen
Menschen kränken. — Wer ist er denn?

Elise. (Verlegen.) Ein Reisender?

Nina. (Sucht ihre Sinne zu ſammeln.)
Ein Reiſender ?

Eliſe. Er bittet um Aufnahme in Ihrem
Hauſe.

Nina. Sehr gern. — Dank ihm für ſein
Zutrauen. — Ich — ich wags nicht ihn anzure-
den. — Es wird mir ſo ängſtlich. — — Sprich
Du mit ihm.

Graf. (Tritt zurück.) Ach!

Nina. Er entfernt ſich? — Sollt' er mich
fürchten ? — — — Treten Sie näher, mein
Herr! — Fürchten Sie mich armes Mädchen
nicht. Ich heiße Nina! — Alle die mich ken-
nen, bedauren mich. — Wollen Sie bey uns
bleiben?

Graf. Wenn ich durch meine Gegenwart
nicht beſchwerlich werde — — —

Nina. (Erbebend.) Er ſprach ſo — ich
weiß nicht — mir wird — mein Herz ſchlägt
ſo ängſtlich — — —

Graf. (Vor ſich.) Groſſer Gott! — Noch
immer!

Reinb. (Zum Grafen heimlich.) Verzwei-
feln Sie nicht!

Nina. Es iſt vorüber. — Verzeihen Sie. —
Ich zitterte, da ich Sie ſah. Mein Zuſtand ver-
dient Mitleiden. — O! wenn Sie den Grund
davon wüßten, gewiß Sie würden mit mir
weinen.

Graf. (Mit angenommener Stärke.) Kein Mensch kann an Ihrem traurigen Schicksale lebhaftern Antheil nehmen, als ich. (Er seufzt.)

Nina. Sie seufzen? — Nagt der Schmerz auch an Ihrem Herzen?

Graf. Sehr! sehr!

Nina. (Warm.) Ich will mit Ihnen weinen! — Was suchen Sie hier? (Mit traurigen Gefühl.) Erwarten Sie etwa auch Jemanden?

Elise. (Hat sich unter diesem Gespräche mit den Kindern in die Tiefe des Theaters gezogen.)

Graf. Ich komme —— meine Tochter zu suchen.

Nina. Sie haben eine Tochter? — Gewiß lieben Sie sie und wünschen sie glücklich zu machen?

Graf. Ja; das ist das Ziel meiner Wünsche.

Nina. Der Himmel erfülle diesen Wunsch und tröste Sie. Machen Sie sie ja recht glücklich, und — kränken Sie sie nie. (Vertraulich.) Und wenn sie etwa liebte, so seyn Sie ja der Wahl ihres Herzens nicht entgegen. — Das gräbt sonst eine tiefe Wunde!

Graf. Das weiß ich, leider!

Nina. Nein! Nein! — O Sie können das nicht wissen.

Graf.

Graf. (Vor sich.) Welche Marter!

Nina. Betrachten Sie mich. Vormals war ich glücklich, eh mein Karlstein fort mußte. — Jetzt seufz' ich ohne Unterlaß! — Bin der ganzen Welt zur Last: — bin einsam und fremde. Elternlos — ohne Stütze! —

Graf. (Lebhaft.) Haben Sie keinen Vater?

Nina. (Erschüttert, sucht sich aber zu fassen.) Einen Vater? — Ich? — Nein! Nein! Niemals gehabt. — Ach hätt' ich einen Vater, er würde mich unterstützt, mit Karlstein vereiniget haben; und die arme Nina wäre jetzt nicht allein; durchlebte nicht traurig die Tage in Erwartung ihres Geliebten, und bedürfte des Mitleids derer nicht, die sie umgeben.

Graf. (Halb vor sich, verzweiflungsvoll.) Nina! — Nina! du zerreissest mir das Herz.

Nina. (Die das letzte gehört hat.) Was hab' ich denn gesagt? — — Guter Frembling! nicht diesen Blick! — nicht diese finstere Stirne. — Lächeln Sie lieber! — — Thränen sind nur für die unglückliche Nina! (Senkt den Kopf und fällt in tiefes Nachdenken.)

Graf. (Mit hingerissener Zärtlichkeit.) Ha! meine Liebe! — — (Seitwärts.) Warum darf ich nicht sagen, liebe Tochter? — Ach! noch wag' ichs nicht diesen süßen Namen auszusprechen.

Nina.

Nina. (Hat sich unter dieser Rede traurig der Gartenbank genähert, setzt sich und heftet ihre Augen auf das Gitterthor.)

Elise. (Leise zum Grafen.) Sie hört Sie nicht mehr!

Nina. (Mit zerstörten Blick.) Thränen? — täglich? — Nein; ich will gehn! — Ihm entgegen. Morgen, Morgen ist er hier! (Sie seufzt.) Erst Morgen?

Elise. Sehn Sie; nun ist sie in der tiefsten Verwirrung; die wir nie ohne Mühe zerstreuen. — Der Name ihres Geliebten und die Musik sind die einzigen Mittel. (Zu den Kindern.) Geht meine Lieben! — Gebt den Hirten einen Wink, daß sie das Lieblingslied der Nina blasen.

Kinder. (Laufen fort.)

Elise. Bedienen Sie sich dieses Augenblickes, gnädiger Herr! sich von Ihrer Unruhe zu erholen.

Graf. Giebt es wohl noch einen unglücklichern Vater als mich! (Geht fort.)

(Die Hirten erscheinen auf der Anhöhe und blasen.)

Die Kinder. (Stehen um sie her.)

Nina. (Als aus einem Traum erwecket, horcht auf.) Horch! — Liebe! — Horch! — Blasen nicht dort unsere Hirten?

Elise. Ja; der Tag neigt sich. Sie sammeln ihre Heerde.

Die

Die Hirten. (Blasen fort.)

Nina. (Unter der Musik.) Horch! —— O
Horch! —— Ich bitte Dich. (Sie hört auf-
merksam zu und bezeugt eine lebhafte Freude.)
Schön! — Rührend! — Wohl mir!

Elise. Wollen wir sie nicht begleiten? —
Vielleicht begegnen uns die Leute, die Sie be-
schenken wollten. (Sie nimmt das Körbgen.)

Nina. Hab' ich denn noch etwas zu ver-
schenken?

Elise. (Zeigt ihr den Korb.) O ja! Sehen
Sie nur, noch vieles.

Nina. So wollen wir geschwind gehen. (Sie
wendet sich traurig um, und betrachtet die
Gartenbank.) Dich muß ich also wieder ver-
lassen, ohne meinen Karlstein! — ohne ihm
diese Blumen zu geben, die ich nur für ihn
band. (Legt den Strauß auf die Bank. Mit
vieler Rührung zur Gartenbank.) Bald kehr'
ich wieder zu dir zurück. — Leb wohl! — Leb
wohl! (Sie geht den Weg, den die Kinder
genommen.)

Graf. (Nähert sich heimlich Elisen, welche
der Nina einige Schritte nachgeht.) Folgen
Sie ihr.

Elise. Nein, gnädiger Herr! — Ich darf
sie nicht zu genau beobachten. — Das beun-
ruhiget sie. — Ich weiß schon die Zeit zu treffen, wenn sie meiner Gegenwart bedarf.

Graf.

Graf. Wie viel Verbindlichkeit bin ich Ih‑
nen schuldig.

Elise. Keine, Herr Graf! ich folge der
Stimme meines Herzens, und diese zeigt mir
immer den rechten Weg.

Nina. (Winkt ihr.)

Elise. Sie winkt mir. Nun ists Zeit ihr
nachzugehen. (Geht ihr eilends nach.)

Eilfter Auftritt.

Der Graf (allein.)

Jedes Wort von ihr, war mir ein Dolch‑
stich — — zeigte mir ihre Anhänglichkeit an
Karlstein. — Ach! — Er ist nicht mehr! und
so wird die wechselnde Wiederkehr ihrer Ver‑
nunft ein immerdaurendes Leiden seyn!

Zwölfter Auftritt.

Reinbach, Graf, in der Folge Karlstein.

Reinb. (Tritt so bald Elise abgegangen,
seitwärts auf, und winkt in die Scene, daß
man ihm nicht folgen soll. Zum Grafen.)

Nicht

Grünau.   Mitgeben? Herausgeben müffen
Sie sagen; es ist ja sein, und Sie hätten es
ihm schon lange geben sollen. Nun müffen Sie
mehr thun. Ich dächte ein acht — bis zehntausend Gulden wären noch immer eine schwache
Entschädigung für die Laft, die Sie ihm durch
eine solche Heyrath auflegen wollen.

Wifthofen.   Acht — bis zehntausend Gulden? — Daß laß ich wohl bleiben. Er soll ein
Narr seyn, und ich will ße lieber selber heyrathen, ehe ich mir ße um den Preiß vom Halse
schaffe — lieber Grünau! erzeigen Sie ßch jetzt
als meinen Freund, bereden Sie meinen Neffen, daß er meinen ersten Vorschlag eingeht.

Grünau.   Sie haben den bösen Feind rebel-
lisch gemacht, nun sehen Sie auch zu, wie Sie
ihn wieder befänftigen, und wann Sie das wollen, so können Sie auf meinen Beyftand rech-
nen. Denn, wenn der Kopf einmal wirblicht
ist, so kann ihn nichts geschwinder zu Rechte
bringen, als eine Doßs von zehntausend Gulden. Soll ich ihm die in Ihren Namen versprechen?

Wifthofen.   Lieber will ich mich selbft in den
Narrenthurm sperren laffen.

Grünau.   Nun denn, viel Glück zum neuen
Quartier, und zur schönen Aussicht. (Geht ab.)

Dritter Auftritt.

Wifthofen (allein.)

Ich bin in einer saubern Brühe. Wenn der
alte Karvas mich nicht los läßt, ohne für seine
Tochter zu sorgen; so kann es mich noch eine
Menge Geld koften, und keiner von uns ist da-

C   bey

bey gebessert. Mein Neffe halb Narr, ich halb verheyrathet, und beyde ohne Rettung!

Vierter Auftritt.

Ein Bedienter, Wisthofen.

Bedienter. Herr Karvas will aufwarten, wanns gefällig wäre.

Wisthofen. O weh! o weh! nun wirds einen Sturm geben. (Zum Bedienten.) Soll mir eine Ehre seyn, laßt ihn ja nicht warten. (Bedienter geht ab.) Es soll mich doch wundern, ob er meinen Brief an seine Tochter gesehen hat. Ich will ihn nach und nach sondiren, um meiner Sache gewiß zu seyn, ehe ich mich ganz herauslasse.

Fünfter Auftritt.

Karvas Uram, und Wisthofen.

Karvas. Szolgája az urnak! Es ist mir eine Freude, daß ein Edelmann wie Sie, die Ehre haben soll, sich mit der Familie der Karvas zu verbinden. Wir sind zu sehr Edelleute gewesen, um reich zu seyn, so wie Sie sich, selbst durch Ihr Geld zu einer Art von Edelmann gemacht haben. Dieser geht einen Weg, jener den andern, und am Ende kommen beyde zusammen, das erhält das Gleichgewicht von Europa.

Wisthofen. Ich bin Ihnen sehr verbunden, aber ich bin ein alter Mann, und ich dachte —

Karvas. Und ich dachte, wenn Sie noch so alt wären, so kann meine Tochter Sie wieder jung machen. Sie hat so frisches warmes Blut in den Adern, als eine in ganz Ungarn. Ich
woll.

wollte nur, Sie hätten auch so ein süsses Geschöpf von einer Tochter wie die meine, damit
wir ein doppeltes Kreuz formiren könnten.

Wißhofen. Das wär ein doppeltes Kreuz
in der That. (Bey Seite.)

Karvas. Ich war mit meinem ersten Weib
übel daran, die war ein Teufel von Verstand —
Und ihre Tochter ist ihr vollkommenes Ebenbild.
Aber ein tapferer Mann bebt vor keiner Gefahr. Ein andermal würde ich mich wohl besser
vorgesehen haben.

Wißhofen. Ja, aber ich mache auf nichts
weniger Anspruch, als auf Tapferkeit, und ich
fange jetzt schon zu zittern an.

Karvas. Ich habe meine Tochter in aller Un-
terwürfigkeit erzogen. Sie ist so zahm als ein
junges Füllen, und so zärtlich, als ein Hün-
chen, das erst ausgekrochen ist. Sie werden
gewiß zufrieden mit ihr seyn. Sie bringt Ihnen alle guten Eigenschaften zu, nur Geld
nicht, das haben Sie in Menge, ob Sie gleich
nichts anders haben, und das nenn ich das
Gleichgewicht der Dinge.

Wißhofen. Aber ich habe Ihrer Tochter
grosse Verdienste und mein grosses Alter in Er-
wägung gezogen —

Karvas. Ah! es ist ein reizendes Geschöpf,
ich sollt' es nicht sagen, da ich Ihr Vater bin —

Wißhofen. Ich sage mein Herr! Ihre Tochter hat grosse Verdienste, und ich habe meine
grossen Schwachheiten —

Karvas. Die haben Sie freylich, aber dafür
können Sie nicht, und wann meine Tochter es
sich sollte einfallen lassen, über Ihr Alter, oder
Ihren Geiz zu spotten, so wollt' ich ihr's in
Ihrer Gegenwart hundertmal wiederhollen, daß
Sie nichts dafür können. Aber sorgen Sie

C 2   nicht

nicht Alter! sie wird nur Mitleid mit Ihnen und Ihren Gebrechen haben. Ich habe sie zur Güte und Sanftmuth erzogen, sie wird nichts als ja, und nein, sagen. Sie wird wie ein zahmes Turteltäubchen seyn, und den ganzen Tag mit ihrer Nadel bey dem Tamburin sitzen.

Wisthofen. Ja, so saß' ich sie in Ofen auch. Aber nun fürcht ich sie wird ein wenig mehr als ja und nein sagen, und es wird auf alle Fälle besser seyn, wann wir gar nicht zusammen kommen.

Karvas. Bis Ihr verheprathet seyd? Mir ist's Recht, und es ist auch besser so. Ich habe mein seeliges Weib nicht ehe gesehen, als acht Tage vor der Hochzeit, und es hätte mich auch nicht bekümmert, wenn ich sie hernach nicht mehr gesehen hätte.

Wisthofen. Aber Sie verstehn mich nicht, ich sage —

Karvas. Ich verstehe Sie nicht? und Sie sprechen doch deutsch.

Wisthofen. Aber Sie verstehen meine Meinung falsch, Sie begreifen mich nicht.

Karvas. Dann begreifen Sie sich selbst nicht, und ich habe nicht die Gabe das zu verstehn, was Sie nicht gesagt haben.

Wisthofen. Ich bitte Sie demüthig, hören Sie mich nur ein wenig an.

Karvas. Ich höre Mann! ich höre, ich will Sie nicht unterbrechen, reden Sie —

Wisthofen. Ihre Tochter —

Karvas. Ihr Weib, so muß es seyn.

Wisthofen. Mein Weib? Nein, so muß es nicht seyn. Lieber Himmel! wollen Sie mich denn nicht hören?

Karvas. Seyn oder nicht seyn, ist das hier die Frage? ——

Wist-

Wißhofen. Mein Gott! ſo hbren Sie mich
nur. Ich erkenne mich ſelbſt Ihrer Unwerth,
ich habe die grbßte Hochachtung für Sie, für
Ihre Tochter, für Ihre ganze Familie. Ich
wurde mich durch eine Berbindung mit derſel-
ben geehrt achten, — aber es gibt ſo verſchiebene Urſachen — —

Karvas. Freylich gibts verſchiebene Urſachen,
warum ein alter Mann kein junges Weib heyrathen ſoll. Aber das iſt Ihre Sorge, nicht
die meinige.

Wißhofen. Ich habe einen Brief an Ihre
Tochter geſchrieben, ich hbfte, Sie hätten ihn
geſehen, und brächten mir Antwort.

Karvas. Uſon — meg a Ménkö! wollen Sie
einen Briefträger aus mir machen? hát Kut-
zorgos teremtette! Bildet Ihr Euch ein, daß
Euch der alte Karvas Agoſton Eure Briefe tragen wird? Hol der Teufel Euch, und Eure
Briefe. Ich wollte dem Kbnig (nimmt den
Hut ab) Agyon Jſten néki Sokjó Szerenstét —
keinen Brief tragen, auſſer er wär' von mir
ſelbſt.

Wißhofen. Aber mein Gott, wie kbnnen
Sie gleich ſo bbſe werden, um nichts, und wieder nichts.

Karvas. Was? iſt das nichts, eine Klep-
perpoſt aus mir zu machen? An meine Tochter
habt Ihr geſchrieben? Ich gehe gerade zu ihr,
denn ich hab ſe heut noch nicht geſehen, und
find' ich, daß Ihr das mind'ſte geſchrieben habt,
das mir nicht anſteht, ſo nehm' ich's als einen
Afront für unſre Familie auf, und Ihr ſollt
entweder das edle Blut der Karvas vergieſſen,
oder ich will die rothe Pfüze der Wiß — Wiß —
Miſt — wie iſt der Hunde Namen? Miſthaufen,
bis auf den letzten Tropfen abzapfen. Hbrt!

C 3	Ihr

Ihr müßt Euch nicht regen bis ich wieder zurückkomme, Isten látja lelkemet! Ihr seyd unglücklich, wenn Ihr Euch untersteht zu essen, zu trinken, zu schlafen, oder gar aus dem Hause zu gehen, bis meiner Ehre Genugthuung geleistet ist. Und so Kend szolgaja még el jörök. (Geht ab.)

Sechster Auftritt.

Wisthofen (allein.)

Nun ist der Teufel gar los. Wann mich nicht ein Mirackel rettet, so werd' ich ein Narr wie mein Neffe — O weh! o weh! das bißchen verliebt seyn kommt mich theuer zu stehen. Nehmen kann ich sie nicht, das ist ausgemacht. Mein Neffe muß an meine Stelle treten, und sollt es mich mein halbes Vermögen kosten. Hanns Michel!

Siebenter Auftritt.

Hanns Michel, Wisthofen.

Wisthofen. Garstige Dinge, Hanns Michel!

Hanns Michel. Ja wohl garstige Dinge; aber du lieber Himmel wie konnt's Ihnen auch einfallen zu heyrathen! Ich hab' es wohl vorher gewußt wie's kommen würde.

Wisthofen. Nun wie kommt's denn?

Hanns Michel. In der geschriebenen Zeitung, und in Wienerblättchen stehts schon.

Wisthofen. Desto besser Hanns Michel, so glaubts Niemand.

Hanns Michel. Aber die Leute kommen und fragen.

Wisthofen. Und Du läugnest es doch?

Hanns

Hanns Michel. Ja was hilft das Läugnen? Eben stand ich unten am Thor und sagte dem Bedienten der Frau von Zelten, der sich auch erkundigte, daß dies lauter abscheuliche Lügen wären. Da steht Ihr Neffe im 2ten Stock zum Fenster heraus, mit zerrauften Haaren, feurigen Augen, glühendem Gesichte, schreit herab: Es sey alles wahr, und erzählt die ganze Geschichte. Auf einmal war die halbe Straße voll Menschen. Sie hätten nur hören sollen, was man Ihnen für Ehrentitel gegeben hat —

Wisthofen. Du lieber Himmel, du lieber Himmel! — Sag mir nur Hanns Michel, was soll ich thun?

Hanns Michel. Das weiß ich nicht, Sie haben die Suppe eingebrockt, Sie mögen sie auch ausessen. Wie oft hab' ich Ihnen gesagt, daß Sie sich zum Gelächter machen werden, aber da half nichts. Nun mögen Sie's haben. Ihren armen Herrn Wilhelm wird man bald einsperren müssen, das haben Sie auch zu verantworten. Nun beissen Sie die Nuß nur auf, weil Sie sie doch dem nicht lassen wollten, der die Zähne dazu hat.

Wisthofen. Aber mein Neffe soll ja die Wittwe, und sein Erbtheil haben, wenn wir ihn nur wieder zur Vernunft bringen können.

Hanns Michel. Ehe ich den meinen auch verliere, so will ich lieber aus dem Narrenhause, so bald als möglich fort. Sie müssen sich um einen andern Bedienten umsehen.

Wisthofen. Vereinigt sich denn die ganze Welt auf einmal gegen mich? Nein Hanns Michel ich laß Dich nicht fort, Du mußt bey mir bleiben bis ich sterbe, und dann sollst Du ein gutes Legat erhalten. Ich werde nicht lange mehr leben, das versprech ich Dir. (Es wird

C 4   w

an der Thüre geklopft.) Sieh' zu Hanns Michel, wer da ist. (Hanns Michel geht ab.) Was soll ich thun? Nein, das halt ich nicht aus. Ich will mich aufhängen, so bin ich der Angst mit einemmale los, denn wenn der alte Herr zurückkömmt, so kostet es mich wenigstens einen Flügel vom Leibe. (Hannsmichel kömmt zurück.)

Hanns Michel. (Mit Papieren in der Hand.) Da sind Leute draussen, die mir die Auszügel gegeben haben; sie sagen die ungarische Frau aus der Jägerzeile schicke sie her, sie würden hier bezahlt werden.

Wißhofen. Ich wollte, die ungarische Frau läge auf dem Grund der Donau. Was das für eine Unverschämtheit ist! mir jetzt schon ihre Schuldleute auf den Hals zu schicken. Schick sie zum Teufel, und sage ihnen, ich bezahlte keinen Heller.

Hanns Michel. Nun die werden einen saubern Lärmen anfangen. (Will gehen.)

Wißhofen. Bleib Hanns Michel, bleib! Sag' ihnen, ich sey jetzt beschäftigt, sie sollen morgen früh wiederkommen. (Hanns Michel will fort.) Halt! halt! das hieße sich ja zu zahlen anheischig machen? — Nein, nein, nein, sag' ihnen, sie müßten warten, bis ich verheyrathet wäre, dann sollen sie befriedigt werden.

Hanns Michel. (Für sich lachend.) Wann du betrogen bist, so sind wir alle befriedigt. (Geht ab.)

Wißhofen. Daß ich unter allen erschröcklichen Dingen gerade an das erschröcklichste, an ein Weib denken, daß dies Weib eine Wittwe, und die Wittwe eine Ungarin seyn mußte! Quem Deus vult perdere! (Hört Lärmen.)
Was

Was ist denn da, wohl wieder Jemand von der Familie? (Tritt bei Seite.)

Achter Auftritt.

Die Wittwe, als Husaren = Lieutenant Karvas (steckt eben ihren Säbel ein.) Hanns Michel folgt ihr.

Hanns Michel. Ich hoffe, Sie sind nicht verwundet Herr Offizier?

Wittwe. O gar nicht, gar nicht. Es war ihr Glück, daß sie davon liefen, sonst hätt' ich ihnen Beine gemacht. Ich will die Windhunde lehren mich durchs Glas zu begucken Oerdüg vigyenel! Ich wollt' ihnen die Haare gen Berg getrieben haben, wann sie Stand gehalten hätten. Die Dratpüpchen, sehen eher Mädchen in Hosen, als Männern ähnlich. Wo ist Euer Herr?

Hanns Michel. Hier Herr Offizier. Ich hoffe doch nicht, daß auch er Sie beleidigt hat?

Wittwe. Wann Du impertinent bist Bursche, so wirst Du mich beleidigen. Marsch! hinaus vor die Thüre.

Hanns Michel. Was für ein wilder kleiner Tartar! (Zu Wißhofen.) Hu! mir schaudert die Haut. (Ab.)

Wißhofen. Das ist ihr Bruder, bey allem was schröcklich ist, ihr Bruder von dem sie mir gesagt hat, und ihr so ähnlich, als ein Tiger dem andern. Ich schwitze über und über.

Wittwe. Ist Euer Name Mißhaufen?

Wißhofen. Wißhofen heiß ich, und nicht Mißhaufen.

                    C 5   Wit=

Wietwe. Mind egy kurta, darüber wollen wir nicht streiten. Und Ihr seyd gebohren, und getauft mit dem Namen Thomas?

Wißhofen. So hat man mir gesagt, mein Herr.

Wittwe. So weit wären wir also. (Zieht einen Brief aus der Leibbinde.) Kennt Ihr diese Handschrift?

Wißhofen. So gut ich den Freund (seine rechte Hand weisend, und dabey lächlend) kenne, der mir bey dergleichen Gelegenheiten hilft.

Wittwe. Ihr hättet besser gethan Eure Zähne nicht zu zeigen, bis erst der Spas kommt. Also, die Handschrift ist Euer?

Wißhofen. (Seufzt.) Ja Herr, es ist die meinige.

Wittwe. Kutya mendergös fzületté! warum seufzt Ihr, aus Schaam oder aus Furcht?

Wißhofen. Theils einer, theils anderwegen.

Wittwe. Wollt Ihr wohl so gut seyn, den Brief laut zu lesen?

Wißhofen. (Nimmt den Brief, und liest.) Madame!

Wittwe. Wollt' Ihr wohl so gut seyn uns wissen zu lassen, was für eine Madame Ihr meint. Denn bey Euch hier in Wien heißt alles Madame. Man liest ehe die Ueberschrift, ehe man den Brief öfnet.

Wißhofen. Ich bitte um Vergebung mein Herr! die Ceremonie gefällt mir gar nicht. (Liest.) An Madame Madame Hattyú in der Flügerzeile Nro. 109.

Wittwe. Kutya adyaba fzületett! Ich wollte —

Wißhofen. Was ist Ihnen?

Wittwe. Nichts, gar nichts — fangt nur an.

Wiß-

Wiſthofen. (Lieſt.) „Da ich Ihre Glück-
„ſeeligkeit ſelbſt der Begünſtigung meiner Lei-
„benſchaft vorziehe —

Wittwe. Ich will Eure Glückſeeligkeit nicht
der Begünſtigung meiner Leidenſchaft vorzieh-
en — weiter —

Wiſthofen. „So muß ich geſtehen, daß ich
„Ihrer Reize, und Ihrer andern Vorzüge un-
„würdig bin —

Wittwe. Uſon mega menkö! Allerdings!
ſehr unwürdig! weiter —

Wiſthofen. „Es iſt ein heftiger Streit zwi-
„ſchen Billigkeit, und Leidenſchaft bey mir ent-
„ſtanden —

Wittwe. Bey mir iſt kein Streit. Billigkeit und Leidenſchaft ſind einig.

Wiſthofen. „Die Vernunft war Schieds-
„richterin, und die Billigkeit hat obgeſiegt.
„Ich bitte Sie alſo um Erlaubniß, Ihnen mit
„allen Ihren Vollkommenheiten zu entſagen,
„und Sie einem Verdienterem überlaſſen zu
„dürfen, aber keinem der Sie mehr bewun-
„dert, als Ihr Elender und unterthänigſter
„Thomas Wiſthofen.

Wittwe. Ja elend ſollſt Du werden, darauf kannſt Du Dich verlaſſen — Weiter das
Poſtſkriptum!

Wiſthofen. Poſtſkriptum. „Schenken Sie
„mir Ihr Mitleid, aber ſtrafen Sie mich nicht
„mit Ihrem Zorn! —“

Wittwe. Zur Antwort auf dieſen Liebes-
brief Du mitleidswürdiger Kerl ſchickt Dir meine Schweſter ihren zärtlichſten Gruß, verſichert
Dich, daß Du nach Deinem Wunſch ihr Mitleid haſt, und dieſem fügt ſie noch großmüthig
ihre Verachtung bey.

Wiſthofen. Ich bin ihr unendlich verbunden.
Witt-

Wittwe. Und mir erlauben Sie Ihnen im Namen unserer ganzen Familie das nämliche zu sagen.

Wisthofen. Ich küsse der ganzen Familie die Hand.

Wittwe. Aber noch nie hat unsre Familie es zugegeben, daß ein Versprechen, das einem Gliede derselben gethan worden; hat können gebrochen werden, ohne den Verwegenen dafür zu zeichnen, der die Kühnheit gehabt hat, es zu brechen — diesmal also will ich Euer Operateur seyn, und ich glaube, Ihr werdet finden, daß ich eine sehr leichte Hand dazu habe, und Euch so wenig wehe thun will, als es nur immer seyn kann. (Sie knöpft den rechten Ermel ihres Dollmann auf, und legt den Pelz ab.)

Wisthofen. Um's Himmels willen, was machen Sie?

Wittwe. Ich mache mich komode, um etwas gelenker zu seyn. Es ist für Euch und mich gut. Denn Ihr sollt zwey Hiebe kreuzweise übers Gesicht haben, als wann sie Euch der Mahler hingepinselt hätte.

Wisthofen. Gott bewahre, was das für ein blutiger Kerl ist. Wenn nur mein Hanns Michel hier wäre.

Wittwe. Kommt macht Euch fertig, es soll gleich geschehen seyn; Ihr seyd nicht der erste, dem ich Nase und Ohren weggehauen habe, ehe er noch wußte, was mit ihm vorgeht.

Wisthofen. (In äusserster Angst.) Aber gesetzt mein Herr! ich wollte Ihre Schwester heyrathen?

Wittwe. Da hab' ich nicht das mindeste entgegen. Sobald Ihr von Euren Wunden geheilt seyn werdet. Vadáz Gábor lebt itzt recht glücklich

lich mit meiner Großtante im Barscherkomitat
bis auf einen schiefen Hals, den er von einem
Hieb von mir ins Genicke überbehalten hat. Der
wollte sie auch sitzen lassen, und hatte ihr die
Ehe versprochen, aber ich hab' ihn mit diesem
Familienmittel (auf den Säbel deutend) zur
Raison gebracht. (Geht auf ihn los.)

Wißhofen. Himmel steh mir bey! — Nun
gut mein Herr, wenn ich muß, so muß ich.
Morgen will ich Sie zwischen den Brücken an-
treffen, laß dann die Folgen seyn, welche sie
wollen.

Wittwe. Aus Furcht, Sie möchten darauf
vergessen, muß ich Sie bitten, mich jetzt mit
einem kleinen Gang zu beehren, denn ich habe
nun schon einmal meinen Kopf darauf gesetzt,
und — ein Sperling in der Hand ist besser, als
eine Taube auf dem Dache.   tsak Frissen s'
bútran!

Wißhofen. Aber ich habe meine Sachen noch
nicht in Ordnung gebracht.

Wittwe. Gut! so bringt sie den Augenblick
in Ordnung.

Wißhofen. Aber ich verstehe mich auf die
Klinge nicht, ich wollte mich lieber auf Pistolen
schlagen.

Wittwe. Ich bin äußerst glücklich, daß ich
Ihnen auch hiermit dienen kann. Wir wollen
uns auf einen Mantel schlagen; hier Herr
wählt. (Zieht zwey kleine Sackpuffers aus
der Tasche.) Sie sehen, ich bin so gefällig, als
Sie's nur wünschen können.

Wißhofen. Aus dem Regen in die Traufe.
Es ist nicht von ihm los zu kommen. Ich will
darauf schwören, wann ich Gift gewählt hätte,
er hat auch Arsenikum bey sich — Sehen Sie nur
junger Herr, ich bin ein alter Mann! Sie wer-
                                    den

den wenig Ehre davon haben, wann Sie mich umbringen. Aber ich habe einen Neffen, der ist von Ihrem Alter, mit dem messen Sie sich, das bringt Ihnen mehr Ruhm.

Wittwe. Auch mehr Vergnügen — Nur Geduld, bis ich mit Ihnen fertig bin. Zur Sache Herr — (Geht auf ihn los.)

Wisthofen. Aber mein Gott! Ich kann die Sache mit Ihnen nicht ausmachen. Ich kann mich nicht schlagen, ich will mich nicht schlagen — ich will lieber alles in der Welt thun, als mich schlagen. Ich will Ihre Schwester heyrathen, mein Neffe soll sie heyrathen, ich will ihr mein halbes Vermögen geben, was wollen Sie dann mehr, he! Neffe! Wilhelm! Hanns Michel! Grünau! Mörder! Mörder! (Er will fort, sie verfolgt ihn.)

Neunter Auftritt.

Wilhelm, Grünau, die Vorigen.

Wilhelm. Was giebt's Herr Onkel?

Wisthofen. Mörder giebt's, das ist alles. Der gottlose Mensch da will mich umbringen, und hernach aufessen.

Wilhelm. Lassen Sie ihn mir über. Ich will den feurigen Herrn schon zurecht weisen. Kommen Sie heraus mein Herr, ich bin so närrisch wie Sie, zwischen uns ist Partie egal.

Wittwe. Ich folg' Ihnen durch die ganze Welt. (Wollen gehen.)

Wisthofen. Halt! halt! Neffe Du sollst Dich nicht mit ihm schlagen; das grimmige Ungeheuer könnte Dich umbringen, und Deinen Tod hätte' ich auf meiner Seele — Lieber Wilhelm! mach' Dich und mich glücklich — Sey der Oehlzweig,

zweig, der wieder meinem Hause den Frieden
verkündigt. Nimm die Wittwe, ich geb' Dir
meine Einwilligung, Dein Vermögen, und ihr
ein Heyrathsgut von 10000 Gulden. Bereden
Sie ihn doch lieber Grünau.

Grünau. Ich dächte Wilhelm, um den Preis
könntst Du's eingehn. Du liebst sie ja noch immer, und es ist das einzige Mittel uns alle wieder vernünftig zu machen.

Wilhelm. Ich muß erst ein paar Worte in
Geheim mit dem hitzigen jungen Herrn sprechen.

Wittwe. So geheim als Sie wollen.

Wißhofen. Nehmen Sie ihnen die Waffen
weg, Grünau! Und kommen Sie mit in mein
Kabinet, Sie sollen als Zeuge unterschreiben.
(Geht ab.)

Grünau. Viktoria, Viktoria, gebt mir Euer Mordgewehr, ein angenehmer Vergleich erwartet Euch — Ich könnte aus der Haut fahren
für Freude — (Geht dem Wißhofen nach.)

Zehnter Auftritt.

Die Wittwe, Wilhelm, Hanns Michel
(der hereinschleicht, mit einem Licht in der
Hand zum Siegeln.)

Hanns Michel. Freude, Freude, charman-
tes Paar. Der alte Fux ist gefangen. Ich will
Sie nicht stören. (Geht Wißhofen nach.)

Eilf-

Eilfter Auftritt.

Wilhelm und Wittwe.

Wilhelm. Englisches Weibchen, was für einen Tag haben wir heute überstanden!

Wittwe. Nun hab' ich denn meine Sache gut gemacht, glauben Sie, daß ich Anlage zu einer Aktrize habe?

Wilhelm. Ich habe die ganze letzte Szene an der Thür mit angehört. Gott weiß es, was für Angst ich ausgestanden habe. Wenn mein Alter nun Stand gehalten, und von Leder gezogen, oder gar geschossen hätte?

Wittwe. Die Pistolen sind nicht geladen, und hätt' er von Leder gezogen, so wär ich davon gelaufen, so wie er's gethan hat. Wann zwey Bärnhäuter zusammen kommen, so kömmts ja nur darauf an, welcher am ersten lauft, und sicher, einen alten Mann wie Ihr Onkel ist, kann ich auf alle Fälle kaput machen.

Wilhelm. Laßen Sie mich auf diese Ihre liebe Hand das Siegel meiner Glückseligkeit drücken, und seyn Sie versichert, ich bin um so dankbarer für das, was Sie für mich gethan haben, je weniger ich es zu verdienen glaube.

Wittwe. Ich will Ihnen was sagen — wär' ich nicht überzeugt, Sie verdienten alles, was ich für Sie gethan habe, ich hätt's gewiß nicht unternommen. Und — bilden Sie sich ja nicht ein, daß, weil ich um den Mann, den ich liebe, ein wenig zu weit gegangen bin, ich auch als Ihre Frau zu weit gehen werde. Von nun an spiel ich keine Komödie mehr.

Wißhofen. O göttliches, anbetungswürdiges Weib. (Kniet, und küßt ihr die Hand.)

Zwölf-

stein selbst wäre. — (Zum Grafen.) Kommen
Sie! — Ich fürchte Sie nicht mehr. — Da —
Er! — Sie! — Elise! — Reinbach! — Mathilde! (Sie seufzt.) Mein Gott! — Ist mir
doch auf einmal, als hätt' ich nichts mehr zu
wünschen.

Karlstein. Gott im Himmel! — }
Ist's möglich!

Graf. (Vor sich.) Welch ein } (Zugleich.)
Augenblick!

Mathilde. (Zu Reinbach.) }
Dein Arzney hilft!

Nina. Fahr fort, lieber Freund! Fahr
fort!

Karlstein. Deine Seele schien heiter und
ruhig! — Hoffnungsvoller, seliger Augenblick
für Deinen Karlstein! — Dieser Augenblick ent-
schied sein Schicksaal! — Elisens Gegenwart —
der rührende Blick Deines Vaters — Alles,
alles beruhigte ihn. — O meine Nina! — ich
gab Dir zum erstenmal den süßen, heiligen Namen, Gattinn!

Nina. (Ganz erschüttert und unfähig ihre
Regungen auszudrücken, stützt sich auf Elisen
und Mathilden.) O meine Lieben! — wie
wird mir!

Karlstein. Ich hörte nichts als die Stimme
der Liebe! — (Er zieht rasch seinen Überrock
ab und wirft ihn von sich.) — Du gabst mir

D   zum

Eilfter Auftritt.

Wilhelm und Wittwe.

Wilhelm. Englisches Weibchen, was für einen Tag haben wir heute überstanden!

Wittwe. Nun hab' ich denn meine Sache gut gemacht, glauben Sie, daß ich Anlage zu einer Aktrize habe?

Wilhelm. Ich habe die ganze letzte Szene an der Thür mit angehört. Gott weiß es, was für Angst ich ausgestanden habe. Wenn mein Alter nun Stand gehalten, und von Leder gezogen, oder gar geschossen hätte?

Wittwe. Die Pistolen sind nicht geladen, und hätt' er von Leder gezogen, so wär ich davon gelaufen, so wie er's gethan hat. Wann zwey Bärnhäuter zusammen kommen, so kömmts ja nur darauf an, welcher am ersten lauft, und sicher, einen alten Mann wie Ihr Onkel ist, kann ich auf alle Fälle Kaput machen.

Wilhelm. Lassen Sie mich auf diese Ihre liebe Hand das Siegel meiner Glückseligkeit drücken, und seyn Sie versichert, ich bin um so dankbarer für das, was Sie für mich gethan haben, je weniger ich es zu verdienen glaube.

Wittwe. Ich will Ihnen was sagen — wär' ich nicht überzeugt, Sie verdienten alles, was ich für Sie gethan habe, ich hätt's gewiß nicht unternommen. Und — bilden Sie sich ja nicht ein, daß, weil ich um den Mann, den ich liebe, ein wenig zu weit gegangen bin, ich auch als Ihre Frau zu weit gehen werde. Von nun an spiel ich keine Komödie mehr.

Wißhofen. O göttliches, anbetungswürdiges Weib. (Kniet, und küßt ihr die Hand.)

Zwölf=

ſtein ſelbſt wäre. — (Zum Grafen.) Kommen
Sie! — Ich fürchte Sie nicht mehr. — De—
Er! — Sie! — Eliſe! — Reinbach! — Mathilde! (Sie ſeufzt.) Mein Gott! — Iſt mir
doch auf einmal, als hätt' ich nichts mehr zu
wünſchen.

Karlſtein. Gott im Himmel! —⎤
Iſts möglich!⎟
　　　　　　　　　　　⎟
Graf. (Vor ſich.) Welch ein⎬ (Zugleich.)
Augenblick!⎟
　　　　　　　　　　　⎟
Mathilde. (Zu Reinbach.)⎦
Dein Arzney hilft!

Nina. Fahr fort, lieber Freund! Fahr
fort!

Karlſtein. Deine Seele ſchien heiter und
ruhig! — Hoffnungsvoller, ſeliger Augenblick
für Deinen Karlſtein! — Dieſer Augenblick ent-
ſchied ſein Schickſaal! — Eliſens Gegenwart —
der rührende Blick Deines Vaters — Alles,
alles beruhigte ihn. — O meine Nina! — ich
gab Dir zum erſtenmal den ſüßen, heiligen Namen, Gattinn!

Nina. (Ganz erſchüttert und unfähig ihre
Regungen auszudrücken, flügt ſich auf Eliſen
und Mathilden.) O meine Lieben! — wie
wird mir!

Karlſtein. Ich hörte nichts als die Stimme
der Liebe! — (Er zieht raſch ſeinen Uiberrock
ab und wirft ihn von ſich.) — Du gabſt mir

D　　　　　　　　zum

zum Pfande deiner Zärtlichkeit Dein Bildniß —
heftetest es selbst an meine Brust — Sieh!
meine theureste geliebteste Nina! — überzeuge
Dich! — und komm in meine Arme. — Ich bin
Dein Karlstein. (Er hat der Nina Portrait
an einem weiß und Lillafarbnen Bande an
der Brust.)

Nina. (Untersucht forschend das Bild.)
Ja, — ja! — Es ists! — Ha! — welch' uner-
klärbares Gefühl! — Wach' ich? — Ists Täu-
schung? — Nein! — Ich bin wie neugeboren!
Er lebt! Sie hier mein Vater!

Graf. Dein glücklicher Vater! ⎫
Karlstein. Ihr Karlstein! ⎬ (Zugleich.)
Elise. Ja er ists! ⎭

Nina. O des Glücks! — Doch auch welche
Furcht! (Sie stürzt dem Grafen zu Füßen.)
Mein Vater! Verzeihung! oder ich sterbe hier
zu Ihren Füßen!

Graf. (Hebt sie auf und umarmt sie.) Ver-
gieb auch mir.

Reinbach. Erholen Sie sich gnädiges Fräulein! — Alles hat sich verändert.

Karlstein. Alles! — nur das Herz Ihres
Karlsteins nicht.

Nina. Karlstein lebt? — Liebt mich noch?

Graf. Und meine Nina wird glücklich mit
ihm seyn.

Nina. Glücklich?

Graf.

Graf. Ja, Ewiger! der du meinen Schwur hörst, sey Zeuge meines Gelübdes!

Karlstein. (Betend.) Erhöre mein Gebet!

Nina. (Eben so, kniet.) Gott! Gott! mach Nina so vieler Liebe werth.

Graf. Liebste Tochter!

Elise. Meine Freundinn!

Georg. (Der hervortrat.) Sagt ichs nicht gnädiges Fräulein!

Mathilde. Wohl Ihnen! Wohl uns allen!

Anne. (Mit Martin hervortretend.) Ja! wohl uns! Nun ist unser Gebet erhört!

Nina. Ja, Sie finds! — Ich seh's an diesen mitleitsvollen Minen! — (Herumsehend.) Ich kenne Sie Alle. — Ich fürchte nur, mein Uibel kehrt wieder.

Reinb. Das wollen wir nicht hoffen! Die Abwesenheit Ihres Geliebten verursachte es; und diese dürfen Sie nun nicht weiter befürchten.

Graf. Nein, meine Tochter! — denn noch heute wird er Dein Gemahl.

Nina. O mein Vater!

Graf. Gottlob! daß Du mich wieder kennst!

Karlstein. Nina! Du bist mein! — ewig mein!

Nina. (Seine Hand an ihr Herz drückend.) Wie friedlich schlägt es nun hier! — O der süßen, sanften Freude! — Umgeben von Allen

die

58 Nina, oder Wahnwitz aus Liebe.

die mich lieben! — Ja, ich fühls, mein Vater! ich darf keinen Rückfall mehr fürchten.

Reinb. Nein, gnädiges Fräulein! Gott wird Sie dafür bewahren.

Der Vorhang fällt.

www.ingramcontent.com/pod-product-compliance
Lightning Source LLC
Chambersburg PA
CBHW022039080426
42733CB00007B/895